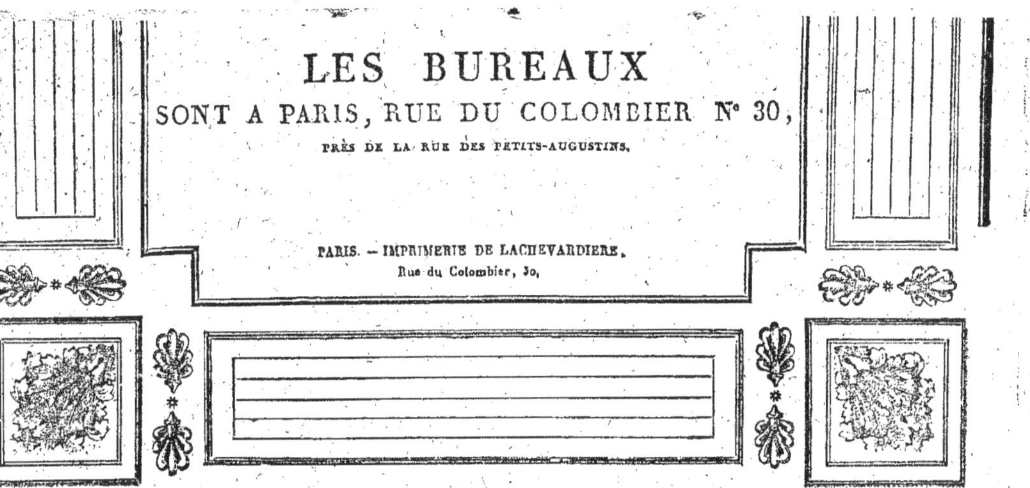

LES BUREAUX

SONT A PARIS, RUE DU COLOMBIER N° 30,

PRÈS DE LA RUE DES PETITS-AUGUSTINS.

PARIS. — IMPRIMERIE DE LACHEVARDIERE.
Rue du Colombier, 30.

LE LIVRET

DES

ÉCOLES PRIMAIRES.

PROPRIÉTÉ DE L'ÉDITEUR.

LE LIVRET

DES ÉCOLES PRIMAIRES,

OU

ALPHABET MORAL

ET INSTRUCTIF.

Par un Professeur de l'Université.

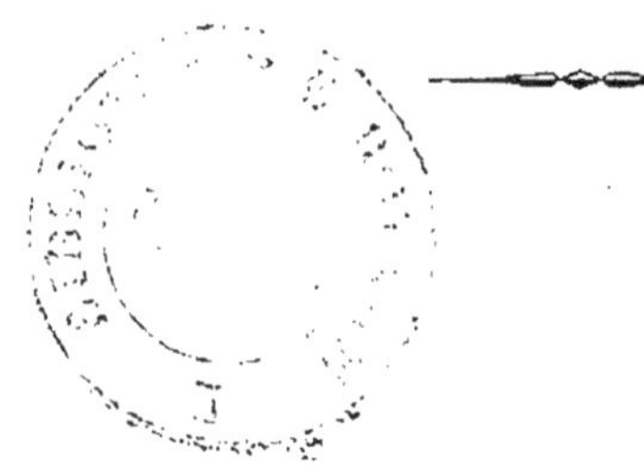

PARIS,

CHEZ AUGUSTE DELALAIN, LIBRAIRE,

RUE DES MATHURINS St.-JACQUES, N° 5.

LUNÉVILLE,

CREUSAT, LIBRAIRE-ÉDITEUR.

1835.

A B C D E

F G H I J

K L M N O

P Q R S T

U V X Y Z

ALPHABETS DIVERS.

A B C D E F G H
I J K L M N O P Q
R S T U V X Y Z

A B C D E F
G H I K L M
N O P Q R S T
U V X Y Z

A B C D E F G H I K L M
N O P Q R S T U V X Y Z

Le Maître enseignera d'abord à l'Élève la forme
des accens.

Accent aigu.   *Accent grave.*   *Accent circonflexe.*

a e i y o u

Ba be bi bo bu.

Ca ce ci co cu.

Da de di do du.

Fa fe fi fo fu.

Ga ge gi go gu.

La le li lo lu.

Ma me mi mo mu.

Na ne ni no nu.

Pa pe pi po pu.

Qua que qui quo qu.

Ra re ri ro ru.

Sa se si so su.

Ta te ti to tu.

Va ve vi vo vu.

Xa xe xi xo xu.

Za ze zi zo zu.

æ (1) œ ou an in on oi

eu ien im.

ch gn fl ph ill.

---

(1) Faites prononcer ces combinaisons sans les faire
épeler. Prononcez ch, gn, ill, ph, comme dans broche,
digne, ville, phare.

A me, ai mé, a do ré,
Ba de, ba di na ge,
Cama ra de, com té,
Di vi ni té, di gne,
É van gi le, È ve,
Fa ce, fa ci li té,
Gé né ral, su re té,
Lé gè re té, mè re,
No te, on de pè re,
Qua li té, ra re té,
So li tu de, va se.

Syllabes formées de deux consonnes et d'une voyelle simple.

Bla bra cla cra cha dra fla fra gla gra pla pra pha sta tra vra (1).

Bla ma ble   no ta ble

Vé ri ta ble ment   vrai

A gré a ble   cro chet

Pa ra dis   char mant

La Sain te Mes se An ge

La bon ne Vier ge Ma rie

---

(1) Le Maître pourra faire mettre les voyelles e, é, è, ê, i, o, u, à la place de l'a final de chacune des syllabes.

Un bon enfant aime le Seigneur, il écoute sa parole sainte et il est heureux. Chérissez votre père et votre tendre mère; le bon Dieu punira les fils désobéissans, et il récompensera ceux qui font le bonheur de leurs parens.

En fans, ho no rez les Maî tres u ti les à qui vos pa rens ont don né le soin pé ni ble de vous ins trui re. Ne leur par lez qu'a vec le res pect dû à leur â ge et à leurs im por tan tes fonc tions. N'ou bli ez ja mais que vous leur de vez la plus vive re con nais san ce.

Mal heur à l'en fant mé chant qui ju re le saint nom de Dieu, il at ti re sur sa tê te les ma lé dic tions du Sei gneur. Ne vous met tez ja mais en co lè re, car ce lui qui se fâ che of fen se le bon Dieu, et nous de vons é vi ter tout ce qui lui dé plaît.

N'al lez point a vec les en fans vi ci eux, car leur so ci é té est tou jours fu nes te. L'Es prit Saint a dit : vous se rez bon a vec les bons et mé chant a vec les mé chans. Ce lui qui fré quen te la so ci é té des sa ges de vien dra sa ge, l'a mi des per vers leur de vien dra sem bla ble.

Le matin, quand vous serez habillés, faites le signe de la croix, mettez-vous à genoux et dites avec piété vos prières du matin. Ensuite, vous irez embrasser votre père et votre mère. Ne vous mettez pas en retard pour aller à l'école. Profitez des leçons de vos maîtres.

Le soir a vant de vous cou cher, sou hai tez le bon soir à vos pa rens, puis, met tez vous à ge noux et di tes vo tre priè re a vec at ten tion. Sou ve nez vous que pour bien dor mir il faut a voir u ne bon ne cons ci en ce. La priè re est u ne ob li ga ti on aus si dou ce que sa crée.

Aus si tôt que vous se rez é veil lés of frez donc vo tre cœur au bon Dieu, et pri ez - le de bé nir la jour née que vous al lez com men- cer. Sou ve nez - vous de vos fins der niè res et vous ne pé che rez pas. Ce ne sont pas les bons dé sirs qui nous sau vent, mais les bon nes œu vres. Tra- vail lez à mé ri ter la vie é ter nel le.

Mes petits amis, si vous voulez être heureux, évitez le mensonge avec soin; il offense le bon Dieu et il vous cause à vous-mêmes le plus grand tort. Oh! je vous en prie, ne mentez jamais, car rien n'est plus triste que la réputation de menteur.

Sou ve nez - vous bien que la loi du Sei gneur vous dé fend de dé ro- ber. Ne tou chez ja mais à ce qui ne vous ap par tient pas, ni chez vos pa rens, ni ail leurs. Le vol con- duit au dés hon neur en cet te vie, et à l'en fer dans l'au tre.

So yez bien sa ges et l'on vous ai me ra bien. É le vez la tê te, vous ver rez le so leil. C'est Dieu qui a fait le so leil ; Dieu à fait tout ce que nous voyons; il est le maî tre de tout ce qui e xis te , il sait tout et il voit nos plus se crè tes pen sées.

Ai mez Dieu de tout vo tre cœur.

Pour plai re à Dieu
et ê tre heu reux,
voi ci le se cret, en-
fans re te nez le bien:
Ai mez le Sei gneur
de tout vo tre cœur ;
o bé is sez à vos pa-
rens, res pec tez vo tre
maî tre et é tu di ez
vos le çons a vec zè le.
Ce lui qui ne veut pas
tra vail ler ne mé ri te
pas de man ger.

Quand vous irez à l'Église, prenez grand soin de vous y tenir avec le plus profond respect. Malheur à l'enfant téméraire qui profane la maison sainte du Seigneur, il sera puni par celui qui voit tout. Priez avec ferveur et le bon Dieu vous exaucera, car il est l'ami des enfans pieux.

Ce lui qui ai me le Sei gneur craint de l'of fen ser. É vi tez soi- gneu se ment le pé ché, et si vous a vez eu le mal heur de le com met tre, de man dez- en par don au bon Dieu. a yez u ne gran de dou leur de vos pé chés, et quand vous vous en se rez con fes sés, Dieu vous les par don- ne ra.

A vant de vous con-
fes ser, e xa mi nez
soi gneu se ment vo tre
cons ci en ce; a yez un
grand re gret d'a voir
of fen sé un Dieu si
bon et si di gne d'ê-
tre ai mé, et de man-
dez - lui par don de tout
vo tre cœur en im plo-
rant sa mi sé ri cor de
et sa clé men ce.

Gar dez-vous bien de ca cher au cun pé ché de pro pos dé li bé ré, vous fe riez u ne con fes si on sa cri lè ge. É cou tez a vec res pect les a vis de vo tre con fes seur ; ac com plis-sez fi dè le ment la pé ni ten ce qu'il vous don ne ra, et for mez la ré so lu ti on de ne plus pé cher à l'a ve-nir.

En fans, vous vo yez com bien de pei nes vos pa rens se don-nent pour pou voir vous é le ver, so yez donc re con nais sans et tra vail lez avec zèle.

Ne je tez pas de pain à ter re si vous en a vez trop, il y a des gens qui n'en ont pas as sez. Le pain se fait a vec de la fa-ri ne, la fa ri ne se fait a vec du blé. Pour fai re ve nir le blé il faut le se mer. C'est dans le mois d'oc to bre que vos Pè res sè ment le blé. A vant de le se mer ils la bou rent pé ni ble-ment la ter re.

Le grain de blé jeté dans la terre labourée pousse des racines; bientôt les racines portent une tige, cette tige produit un épi, et enfin cet épi renferme des grains de blé. Remerciez Dieu, mes enfans, c'est lui qui a donné à la terre sa fertilité. Le cheval est fort utile à l'homme; il sert à labourer nos champs et à conduire nos voitures. Le bœuf est un animal robuste.

Il rend de grands ser vi ces au la bou reur qui fait tra-vail ler, puis l'en grais se et le vend.

La va che nous four nit du lait, de la crême, du fro ma-ge et du beur re.

Le mou ton por te sur son dos la lai ne qui sert or di-nai re ment à fai re nos ha-bits. On ne tond les mou tons qu'u ne fois dans l'an née. Vous voy ez, en fans, que les a ni-maux que le bon Dieu a cré és ser vent à no tre u ti li té.

Aus si, quand vo tre pè re vous en ver ra con dui re aux champs, ou ses che vaux, où sa va che, ou ses mou tons, gar dez-vous bien de les mal-trai ter. Ceux qui sont cru els en vers les a ni maux et qui ou bli ent que ces ê tres sen-tent et souf frent com me nous, sont cou pa bles. J'ai tou jours re mar qué que les en fans qui trai tent les a ni maux a vec cru au té sont de mé chans su-jets, co lè res et dé so bé is sans.

Nos chemises sont de toile; la toile se fait avec du fil; le fil se fait avec du chanvre; on sème la graine qui produit le chanvre dans une bonne terre préparée par plusieurs labours, le dernier très profond. Un sol de marais égoutté convient beaucoup. Il faut semer après une pluie qui a convenablement humecté la terre, et la couvrir de fumier après le hersage.

PRIÈRES

DU MATIN ET DU DU SOIR.

✝ Au nom du Père et du Fils et du Saint-Esprit. Ainsi soit-il.

Mettons-nous en la présence de Dieu, adorons-le et le remercions de toutes les grâces que nous avons reçues de lui depuis que nous sommes au monde, et particulièrement de nous avoir conservés pendant cette nuit (ou ce jour).

Grand Dieu qui remplissez le ciel et la terre, nous croyons fermement que vous êtes ici présent au milieu de nous, et que vous écoutez les prières que nous vous faisons. Nous vous adorons, ô mon Dieu, en toute humilité, reconnaissant que vous êtes notre Créateur et notre souverain Seigneur, duquel nous dépendons en toutes choses. Nous vous remercions très humblement de nous avoir conservés depuis que nous sommes au monde et particulièrement pendant cette nuit (ou ce jour). En nous préservant de plusieurs accidens où nous aurions pu tomber sans le secours et la protection de votre miséricorde infinie.

Notre Père, qui êtes dans les cieux. Que votre nom soit sanctifié. Que votre règne arrive. Que votre volonté soit faite en la terre comme au ciel.

Donnez-nous aujourd'hui notre pain quotidien, et nous pardonnez nos offenses comme nous pardonnons à ceux qui nous ont offensés; Et ne nous laissez point succomber à la tentation, Mais délivrez-nous du mal. Ainsi soit-il.

Je vous salue, Marie, pleine de grâce, le Seigneur est avec vous. Vous êtes bénie entre toutes les femmes, et Jésus le fruit de vos entrailles est béni. Sainte Marie, mère de Dieu, priez pour nous, pauvres pécheurs, maintenant et à l'heure de notre mort. Ainsi soit-il.

———————

Je crois en Dieu le Père tout puissant, Créateur du ciel et de la terre, et en Jésus-Christ son fils unique, notre Seigneur, qui a été conçu du Saint-Esprit; est né de la Vierge Marie; a souffert sous Ponce-Pilate; a été crucifié, est mort, a été enseveli : est descendu aux enfers; est ressuscité des morts le troisième jour; est monté aux cieux; est assis à la droite de Dieu le Père tout puissant, d'où il viendra juger les vivans et les morts.

Je crois au Saint-Esprit, la sainte Église ca-

tholique, la communion des Saints, la rémission des péchés, la résurrection de la chair,
la vie éternelle. Ainsi soit-il.

Le matin.

Examinons et prévoyons les occasions d'offenser Dieu, dans lesquelles nous pouvons
nous trouver aujourd'hui. Formons la résolution d'éviter le péché, de résister à nos mauvais penchans, de fuir les mauvais exemples,
et de chercher à plaire à Dieu dans toutes nos
pensées, nos paroles et nos actions.

Le soir.

Examinons notre conscience sur les péchés
que nous avons commis aujourd'hui, par pensées, par paroles, par actions et par omission;
pensant aux lieux où nous avons été, aux per-
sonnes à qui nous avons parlé, aux affaires que
nous avons faites, et particulièrement aux

fautes auxquelles nous sommes plus enclins et plus habitués.

(Pause pour l'examen de prévoyance, ou pour l'examen de conscience.)

Je me confesse à Dieu tout puissant, à la bienheureuse Marie toujours Vierge, au bienheureux saint Michel Archange, au bienheureux saint Jean-Baptiste, aux Apôtres saint Pierre et saint Paul, à tous les Saints, (et à vous, mes frères), d'avoir offensé Dieu par pensée, par parole et par action. C'est par ma faute que je suis coupable de tant de péchés, oui c'est par ma faute et par ma très grande faute. C'est pourquoi je prie la bienheureuse Marie toujours Vierge, le bienheureux Saint Michel Archange, le bienheureux Saint Jean-Baptiste, les Apôtres Saint Pierre et Saint Paul, tous les Saints (et vous, mes frères,) de prier pour moi le Seigneur notre Dieu. Que Dieu tout puissant ait pitié de nous, et qu'après nous avoir pardonné nos péchés il daigne nous conduire à la vie éternelle. Ainsi soit-il.

Que le Seigneur tout puissant et miséricordieux nous accorde le pardon, l'absolution et la rémission de nos péchés. Ainsi soit-il.

Mon Dieu, nous vous demandons très humblement pardon et miséricorde par Notre-Seigneur Jésus-Christ. Nous avons un très grand regret de vous avoir offensé, et nous détestons nos péchés, parce qu'ils vous déplaisent, et que vous êtes infiniment bon et infiniment digne d'être aimé, honoré et servi. Nous promettons, moyennant votre sainte grâce, de n'y plus retomber, d'en éviter les occasions, d'en faire pénitence, et de vous mieux servir à l'avenir.

Écoutons avec respect les commandemens de Dieu, et demandons-lui la grâce de les observer fidèlement pendant toute notre vie.

1. Un seul Dieu tu adoreras
   Et aimeras parfaitement.
2. Dieu en vain tu ne jureras,
   Ni autre chose pareillement.
3. Les dimanches tu garderas,
   En servant Dieu dévotement.
4. Tes père et mère honoreras,
   Afin de vivre longuement.
5. Homicide point ne seras,
   De fait ni volontairement.
6. Luxurieux point ne seras,
   De corps ni de consentement.
7. Le bien d'autrui tu ne prendras,
   Ni retiendras à ton escient.
8. Faux témoignage ne diras,
   Ni mentiras aucunement.
9. L'œuvre de chair ne désireras,
   Qu'en mariage seulement.
10. Bien d'autrui ne convoiteras,
    Pour les avoir injustement.

Écoutons aussi avec soumission les commandemens de l'Église.

1. Les Fêtes tu sanctifieras,
   Qui te sont de commandement

2. Les dimanches Messe entendras,
   Et les Fêtes pareillement.

3. Tous tes péchés confesseras,
   A tout le moins une fois l'an.

4. Ton Créateur tu recevras,
   Au moins à Pâques humblement.

5. Quatre-Temps, Vigiles jeûneras,
   Et le Carême entièrement.

6. Vendredi chair ne mangeras,
   Ni le samedi mêmement.

O Dieu qui êtes la force et l'appui de ceux qui espèrent en vous, daignez, par votre miséricorde, écouter favorablement nos très humbles prières ; et parce que la faiblesse humaine ne peut rien sans vous, donnez-nous le secours

de votre grâce, afin qu'en exécutant fidèlement vos saints commandemens et ceux de
votre Église, nous puissions vous plaire par
nos désirs et par nos actions.

Le matin.

Offrons-nous à Dieu de tout notre cœur, et
prions-le que tout ce que nous ferons aujour-
d'hui et pendant toute notre vie soit pour sa
gloire.

Mon Dieu, nous vous offrons la journée que
nous alons commencer : nous vous demandons la grâce de l'employer à votre service et à
notre salut. Nous vous consacrons nos pensées,
nos paroles et nos actions, nous les unissons à
celles de votre Fils bien aimé, J.-C. N.-S., lorsqu'il vivait sur la terre ; et nous vous supplions
de donner votre bénédiction à tout ce que nous
ferons. Éloignez de nous les occasions de vous
offenser, afin que durant ce jour et tous ceux
de notre vie, nous ne nous laissions aller à au-

cun péché. Délivrez-nous des périls spirituels et corporels qui nous environnent. Ne nous refusez pas les secours et les biens nécessaires à l'entretien de cette vie, et accordez-nous le paradis en l'autre. Ainsi soit-il.

Le soir.

Mettons-nous dans l'état auquel nous voudrions être à l'heure de notre mort, puisque nous ne sommes pas assurés si nous ne mourrons point cette nuit.

Mon Dieu, faites que nous nous tenions soigneusement sur nos gardes, et que nous veillions sans cesse sur nous, parce que le démon notre ennemi, tournant autour de nous comme un lion rugissant, cherche quelqu'un qu'il puisse dévorer; donnez-nous la force de lui résister et de demeurer toujours fermes dans votre foi et votre amour. Nous vous prions, Seigneur, de visiter cette demeure, et d'en éloigner toutes les embûches du démon.

Que vos Saints Anges y habitent pour nous y conserver en paix, et que votre bénédiction demeure toujours sur nous, par Jésus-Christ Notre-Seigneur. Ainsi soit-il.

Prions Dieu pour tous ceux pour lesquels nous devons prier.

Répandez, Seigneur, vos bénédictions sur notre saint père le Pape, sur notre révérendissime Évêque, sur notre Roi, sur notre Pasteur, et sur tous nos Supérieurs spirituels et temporels. Protégez cette paroisse, ce diocèse et toute votre Église. Ayez pitié de la France, de nos parens, de nos bienfaiteurs, de nos amis et ennemis.

Faites que les justes persévèrent; convertissez les pécheurs; éclairez les infidèles; consolez les affligés; donnez aux agonisans de mourir dans votre grâce, et aux fidèles qui sont morts, de voir et de posséder la lumière et le repos éternel. Ainsi soit-il.

Demandons à Dieu sa sainte bénédiction.

Dieu tout puissant et tout bon , ✝ Père, Fils et Saint-Esprit, qui nous avez créés à votre image et ressemblance , et qui nous avez faits capables de vous connaître, de vous aimer et de vous posséder, bénissez-nous , préservez-nous de tout mal, animez-nous de votre esprit et de votre amour; donnez-nous une journée paisible et une vie pure, (ou une nuit tranquille et une heureuse fin) et conduisez-nous à la vie éternelle. Ainsi soit-il.

Sainte Marie, mère de Dieu, priez pour nous. Nos Saints Anges gardiens, défendez-nous contre les ennemis de notre salut. Tous les Saints et Saintes de Dieu, intercédez pour nous.

Acte de Foi.

Mon Dieu, je crois fermement tout ce que votre église croit et enseigne, je le crois parce que vous l'avez révélé, et que vous êtes la souveraine vérité qui ne pouvez vous tromper ni nous tromper.

Acte d'Espérance.

Mon Dieu, j'espère de votre bonté infinie, qu'en considération des mérites de Notre-Seigneur Jésus-Christ, vous m'accorderez la vie éternelle et les secours nécessaires pour y parvenir, vous l'avez promis et vous êtes fidèle dans vos promesses.

Acte de Charité.

Mon Dieu, je vous aime par-dessus toute chose, parce que vous êtes infiniment parfait, infiniment aimable, et j'aime mon prochain comme moi-même par rapport à vous.

Acte d'Adoration

Mon Dieu, prosterné humblement devant vous, je reconnais que vous êtes mon créateur et mon souverain Seigneur, c'est de vous que je tiens tout ce que je suis et tout ce que j'ai; je me donne à vous sans réserve, et je vous serai toute ma vie entièrement soumis.

Acte d'Amour de Dieu.

Mon Dieu, je vous aime de tout mon cœur, parce que vous êtes infiniment bon et infiniment digne d'être aimé, je vous préfère à toutes les créatures, et j'aimerais mieux tout perdre et tout souffrir que de vous offenser.

Acte de Contrition.

Mon Dieu, j'ai un très grand regret de vous avoir offensé, parce que vous êtes souverainement bon, souverainement aimable, et que le péché vous déplaît; je le déteste; je fais une ferme résolution de l'éviter, et toutes les occasions qui pourraient m'y faire retomber, je vous en demande très humblement la grâce, et celle d'en faire une véritable et sincère pénitence.

____

L'Ange du Seigneur annonça à Marie, et elle conçut du S.-Esprit. Je vous salue, Marie, etc.

Voici la servante du Seigneur, qu'il me soit fait selon votre parole. Je vous salue Marie, etc.

Et le verbe s'est fait chair, et il a demeuré parmi nous. Je vous salue Marie, etc.

℣ Priez pour nous, sainte Mère de Dieu ;

℟ Afin que nous devenions dignes des promesses de Jésus-Christ.

Oraison.

Nous vous prions, Seigneur, de répandre votre grâce dans nos âmes, afin qu'ayant connu l'incarnation de J.-C. votre Fils, annoncé par un Ange, nous parvenions, par les mérites de sa passion et de sa mort sur la Croix, à la résurrection glorieuse ; par le même Jésus-Christ Notre-Seigneur. Ainsi soit-il.

NOTIONS DE MORALE

ET

MAXIMES DE SAGESSE.

L'enfant a des devoirs à remplir ; c'est-à-dire qu'il existe certaines choses qu'il doit faire et certaines autres qu'il doit éviter : s'il accomplit ses devoirs, il sera heureux sur la terre, et un jour il recevra dans le ciel la récompense due à sa fidélité ; si, au contraire, il la néglige, il sera malheureux en cette vie et recevra dans l'enfer le châtiment réservé à son infidélité. C'est, mes amis, pour vous mettre en garde contre les dangers qui menacent votre bonheur, que j'ai réuni quelques sentences propres à attirer votre attention sur les principaux devoirs que vous avez à remplir dans ce monde pour plaire à Dieu et faire votre salut.

Dieu est le créateur de tout ce qui existe; c'est à lui que nous sommes redevables de tout ce que nous possédons. C'est Dieu qui donne la vie et qui l'ôte quand il lui plaît. Notre vie, mes enfans, est de courte durée, nous ne sommes que pour un temps sur la terre, mais notre âme est immortelle; elle doit vivre toujours.

Dieu nous a créés pour le servir, l'aimer et l'adorer; il nous rendra un jour éternellement heureux ou éternellement malheureux selon que nous aurons rempli ou négligé nos devoirs.

N'oublions jamais que Dieu voit tout et qu'il connaît nos plus secrètes pensées. Aimons Dieu par dessus tout, et notre prochain comme nous-mêmes, et nous serons heureux.

Dieu est bon pour tous, il veut le bonheur de ceux qu'il a créés; mais il est juste et il punira ceux qui font le mal.

Dieu seul est grand et miséricordieux, c'est à lui que doivent s'adresser nos hommages et nos prières.

Demandez et vous recevrez, frappez et l'on vous ouvrira, nous dit notre Seigneur Jésus-Christ dans le saint Évangile.

Dieu est notre père; il nous aime, il exaucera nos prières, si elles partent du cœur.

La prière est une obligation aussi douce que sacrée; heureux l'homme qui sait y trouver un encouragement pour la vertu et une consolation dans les chagrins inséparables de la condition humaine.

La prière bien faite console et rend meilleur.

Il ne suffit pas de prier du fond de l'âme , au milieu de sa famille et dans sa maison , il faut encore se rendre au pied des autels , et unir ses cantiques et ses actions de grâce à tous ceux des fidèles qui s'assemblent dans les églises.

Élevons souvent notre âme vers Dieu, si nous sommes dans la joie, pour le bénir et le remercier ; si nous sommes dans la douleur, pour le bénir encore et le prier de nous consoler.

Faites le bien et laissez dire les méchans ; n'ayez pas peur de ces railleurs qui auraient le front de vous appeler hypocrites parce que vous êtes religieux ; mais que votre conduite soit toujours d'accord avec les préceptes de la religion.

Ne redoutez pas les jugemens des hommes, quand votre conscience vous rend bon témoignage de vous même.

Honorez la religion autant que vous le pourrez par vos paroles et par vos actions. Pratiquez ce qu'elle vous ordonne, et souvenez-vous que votre bonheur dans cette vie et dans l'autre dépend de votre fidélité à accomplir les devoirs qu'elle impose.

Rendez à Dieu le culte que prescrit notre sainte religion; pénétrez-vous des vertus qu'elle commande, et n'oubliez jamais que l'adoration qui ne consiste que dans les prières est presque sans effet, si nous ne nous proposons d'adorer Dieu dans toutes nos œuvres.

Tout dans la religion est divin et respectable, ses dogmes, ses mystères, sa morale, ses cérémonies et ses ministres.

Sans la paix du cœur, il ne peut y avoir dans ce monde aucun véritable bonheur. L'homme, faible de sa nature, commet souvent des fautes, mais Dieu qui est très miséricordieux veut bien les lui pardonner, lorsqu'il est repentant. Prêtons l'oreille à la voix de notre conscience, rougissons des actions qu'elle nous reproche, confessons-les avec sincérité, et nous obtiendrons notre pardon.

Si nous nous approchons avec foi du tribunal sacré de la Pénitence, nous en sortirons meilleurs et nous marcherons dans la voie de la vertu qui mène au ciel.

La confession est une chose très salutaire; c'est un frein pour le crime, et le moyen le plus capable pour conduire au pardon les cœurs ulcérés par la haine.

Quand vous vous serez rendus coupables de quelque tort, réparez-le le plus tôt possible.

Quand vous vous êtes rendus coupables de quelque faute, ne mentez jamais pour la nier ou pour l'excuser. Avouer sa faute c'est de la grandeur d'âme, et c'est un acheminement à la vertu. Si vous avez eu le malheur d'offenser quelqu'un en paroles ou en actions, ayez l'humilité de lui en demander excuse. Le véritable honneur consiste dans la vertu, et il n'y a de vertu qu'à condition de se repentir continuellement du mal, et de se proposer de s'en corriger.

Honorez la divinité, ensuite vos parens. Notre père et notre mère sont naturellement nos premiers amis; c'est à eux, après Dieu, que nous devons le plus; nous sommes obligés de la manière la plus sacrée d'avoir pour eux la reconnaissance la plus vive, le respect le plus affectueux et l'amour le plus tendre.

Enfans, honorez vos parens, faites tout pour eux, car ils ont tout fait pour vous.

Aimez-les comme ils vous ont aimé, et efforcez-vous de rendre à leur vieillesse les soins qu'ils ont prodigués à vos jeunes années.

Heureux l'enfant qui fait le bonheur de son père et la joie de sa mère, il recevra dans ce monde et dans l'autre la récompense qui lui est due.

Les bénédictions d'un père et d'une mère sur un fils reconnaissant sont toujours ratifiées par Dieu. Faites dans vos familles l'apprentissage des vertus que vous devez pratiquer dans le monde.

Si vous avez des frères et des sœurs, aimez-les de tout votre cœur. Evitez l'égoïsme et l'avarice qui sont trop souvent la cause de la désunion des familles. Que chacun de vos frères, que chacune de vos sœurs s'aperçoive que ses intérêts vous sont aussi chers que les vôtres.

Si l'un de vos frères vient à commettre une faute, soyez indulgent pour lui, non-seulement comme vous le seriez pour un autre homme, mais bien davantage encore. Réjouissez-vous de leurs vertus, imitez-les, encouragez - les même de vos exemples; faites en sorte qu'ils aient à bénir le ciel de vous avoir pour frère.

Ceux qui contractent avec leurs frères et sœurs des habitudes de grossièreté et de méchanceté, sont grossiers et méchans avec tout le monde.

Que dans une famille, tous les membres soient unis entre eux par l'amitié la plus vive, et alors elle sera heureuse et Dieu répandra sur elle ses grâces et ses bénédictions les plus abondantes.

Aimez votre prochain comme vous-même pour l'amour de Dieu.

Ne faites pas à un autre ce que vous ne voudriez pas qu'on vous fît.

Il n'y a que la religion qui apprenne à l'homme les devoirs d'une charité sincère.

Celui-là est vraiment disciple de Jésus-Christ qui est miséricordieux pour tout le monde, qui est affecté des souffrances des autres comme s'il les éprouvait lui-même, qui ne souffre pas qu'on opprime le pauvre, et qui porte, selon ses moyens, des secours aux malheureux.

Celui-là aime Dieu et veut lui obéir qui a la volonté d'être utile à tous les hommes.

Aimez tous les hommes, car tous sont vos frères, puisque Dieu est le père commun de tous les hommes.

Soyez pleins de miséricorde comme votre père céleste qui est dans les cieux. Ne jugez point, et vous ne serez point jugés.

Mes enfans, respectez votre maître, profitez de ses leçons, et témoignez-lui votre reconnaissance par votre application et vos progrès. Souvenez-vous que l'argent que vos parens lui donnent ne peut pas suffisamment payer les soins qu'il vous prodigue et les avantages qu'il vous procure. Vous ne comprenez peut-être pas encore, de quelle utilité il sera pour vous de bien savoir tout ce que l'on enseigne à l'école; mais un jour, quel que soit l'état dans lequel la divine providence vous place, vous vous apercevrez combien il est avantageux de savoir lire, écrire et compter. C'est une bien grande faute de ne pas s'instruire quand on le peut, et je connais bien des jeunes hommes pauvres, vicieux et méprisés, qui seraient à l'aise, honnêtes et estimés s'ils avaient mieux profité des leçons de leur maître.

TABLE

Pour apprendre à compter et à connaître les chiffres.

Un.	1
Deux.	2
Trois.	3
Quatre.	4
Cinq.	5
Six.	6
Sept.	7
Huit.	8
Neuf.	9
Dix.	10
Onze.	11
Douze.	12
Treize.	13
Quatorze.	14
Quinze.	15
Seize.	16
Dix-sept.	17

Dix-huit.	18
Dix-neuf.	19
Vingt.	20
Vingt-un.	21
Vingt-deux.	22
Vingt-trois.	23
Vingt-quatre.	24
Vingt-cinq.	25
Vingt-six	26
Vingt-sept.	27
Vingt-huit.	28
Vingt-neuf.	29
Trente.	30
Trente-un (1)	31
Quarante	40
Quarante-un.	41
Cinquante.	50

(1) Ajoutez successivement les 9 premières unités au chiffre 3, vous aurez 31, 32, 33, etc., etc. Il en est de même pour 40, pour 50, etc., jusqu'à cent.

Cinquante-un.	51
Soixante.	60
Soixante-un.	61
Septante.	70
Septante-un.	71
Quatre-vingt.	80
Quatre-vingt-un.	81
Nonante.	90
Nonante-un.	91
Cent.	100
Cent-un.	101
Cent-deux.	102
Cent-trois.	103
Cent-quatre.	104
Cent-cinq.	105
Cent-six	106
Cent-sept.	107
Cent-huit.	108
Cent-neuf.	109
Cent-dix.	110
Cent-onze.	111
Cent-douze.	112
Cent-treize.	113
Cent-quatorze.	114

Cent-quinze.	115
Cent-seize.	116
Cent-dix-sept.	117
Cent-dix-huit.	118
Cent-dix-neuf.	119
Cent-vingt.	120
Cent-vingt-un.	121
Cent-trente.	130
Cent-quarante.	140
Cent-cinquante.	150
Cent-soixante.	160
Cent-septante.	170
Cent-quatre-vingt.	180
Cent-nonante.	190
Deux cents.	200
Trois cents.	300
Quatre cents.	400
Cinq cents	500
Six cents.	600
Sept cents.	700
Huit cents.	800
Neuf cents.	900
Mille.	1000
Deux mille.	2000

LIVRET

2 fois	2	font	4		5 fois	5	font	25
2 —	3	—	6		5 —	6	—	30
2 —	4	—	8		5 —	7	—	35
2 —	5	—	10		5 —	8	—	40
2 —	6	—	12		5 —	9	—	45
2 —	7	—	14		5 —	10	—	50
2 —	8	—	16					
2 —	9	—	18		6 fois	6	font	36
2 —	10	—	20		6 —	7	—	42
					6 —	8	—	48
3 fois	3	font	9		6 —	9	—	54
3 —	4	—	12		6 —	10	—	60
3 —	5	—	15					
3 —	6	—	18		7 fois	7	font	49
3 —	7	—	21		7 —	8	—	56
3 —	8	—	24		7 —	9	—	63
3 —	9	—	27		7 —	10	—	70
3 —	10	—	30					
					8 fois	8	font	64
4 fois	4	font	16		8 —	9	—	72
4 —	5	—	20		8 —	10	—	80
4 —	6	—	24					
4 —	7	—	28		9 fois	9	font	81
4 —	8	—	32		9 —	10	—	90
4 —	9	—	36					
4 —	10	—	40		10 fois	10	font	100
					10 —	11	—	110
					10 —	12	—	120
					10 —	13	—	130

NOUVELLES MESURES.

Les nouvelles mesures en France, sont :

1° Le mètre, unité de longueur.

2° L'are, unité de superficie, sert à mesurer les terres.

3° Le litre, unité de capacité, sert à mesurer les liquides et les graines.

4° Le stère, unité de mesure pour les bois et les corps solides.

5° Le gramme, unité de poids, remplace la livre et toute quantité de poids ou pesanteur.

6° Le franc, unité monétaire.

Nom et valeur des différentes mesures métriques.

Le myriamètre vaut dix mille mètres.

Le kilomètre vaut mille mètres.

Le décamètre vaut dix mètres.

Le décimètre est la dixième partie du mètre.

Le centimètre est la centième partie du mètre.

Le millimètre est la millième partie du mètre.

L'hectare égale dix mille mètres carrés ou cent ares.

L'are vaut cent mètres carrés.

Le centiare vaut la centième partie de l'are ou un mètre carré.

Le kilolitre vaut mille litres.

L'hectolitre vaut cent litres.

Le décalitre vaut dix litres.

Le litre (1) est un décimètre cube

Le décilitre est la dixième partie du litre.

Le stère vaut un mètre cube.

Le décistère est la dixième partie du stère.

Le kilogramme vaut mille grammes.

L'hectogramme vaut cent grammes.

---

(1) Le litre vaut un peu plus que la pinte de Paris.

Le décagramme vaut dix grammes.

Le gramme est un millimètre d'eau distillée.

Le décigramme est la dixième partie du gramme.

Le franc se divise en décimes et en centimes.

Le décime est la dixième partie du franc.

Le centime est la centième partie du franc.

Conversion des mesures nouvelles en mesures anciennes.

Le mètre vaut trois pieds onze lignes (3,11,258.)

L'are vaut un peu plus de vingt-six toises carrées (26 , 32).

Le gramme vaut dix-neuf grains.

MODÈLES

ET

FORMULES

DE QUELQUES-UNS DES PRINCIPAUX ACTES DE LA VIE CIVILE
QU'ON PEUT FAIRE SOUS SEING PRIVÉ.

Obligation simple.

Je soussigné déclare devoir à M. Bernard la somme
de cent francs, pour argent qu'il m'a avancé en différentes fois, à différentes époques pour mes besoins et
affaires; je promets de lui rendre cette somme dans deux
mois, à partir de ce jour.

A Versailles le 7 novembre 1834.
VICTOR BERCLEY.

Reconnaissance.

Je soussigné reconnais devoir à M. Pierre, entrepre-
neur, la somme de cent vingt-deux francs, pour divers

ouvrages qu'il a faits dans une maison qui m'appartient, rue du Four; lesquels ouvrages ont été faits à prix débattu et convenu entre nous, déclarant qu'après avoir examiné ces travaux, j'en demeure satisfait. Laquelle somme je lui paierai le 22 juin 1835.

Fait à Nancy, le 4 mai 1834.

JEAN LOUIS.

Billet.

Au vingt mai prochain, je paierai à M. Maré, ou à son ordre, la somme de mille francs, valeur reçue (comptant. — En marchandises. — En compte).

Bonvillers, le 6 octobre 1834.

FRANÇOIS PICOT.

BAIL A LOYER.

Les soussignés,

Marc Auguste, bijoutier à Nancy, propriétaire d'une maison sise à Metz, rue Gazelle, n° 7, d'une part, et Nicolas Éloy, avocat à Metz d'autre part, ont fait les conditions suivantes :

Marc Auguste fait bail et donne à loyer pour 3, 6 ou 9 années consécutives, au choix des parties, et en s'avertissant réciproquement et par écrit, six mois d'avance avant la fin des 3 ou 6 premières années, qui commencèrent à courir le 1er janvier 1834.

A M. Nicolas Éloi qui l'accepte, une maison sise à Metz, rue Gazelle, n° 7, ainsi qu'elle se compose, sans en rien excepter ni réserver.

Ce bail est fait aux conditions suivantes, que M. Éloy, preneur, s'oblige d'exécuter et accomplir, savoir : 1° d'entretenir ladite maison et de la rendre à la fin dudit bail en bon état de réparations locatives.

2° De payer l'impôt des portes et fenêtres, et de satisfaire à toutes les charges de ville et de police, auxquelles les locataires sont ordinairement tenus.

3° De ne pouvoir céder son droit au présent bail en tout ou en partie, ni même sous-louer sans le consentement exprès et par écrit, du bailleur.

5° En outre, ce bail se fait moyennant le prix et somme de douze cents fr. que M. Éloi promet et s'oblige à payer, par chaque année, à M. Marc, en sa demeure à Nancy, ou pour lui au porteur de ses pouvoirs, en quatre termes et paiemens égaux, le premier desquels, de la somme de trois cents f. aura lieu et sera fait le 1ᵉʳ janvier 1834 ; le second, de pareille somme, le 1ᵉʳ avril, pour ainsi continuer à être fait de trois mois en trois mois, jusqu'à l'expiration du bail.

De son côté, M. Marc s'oblige de tenir M. Éloy clos et couvert selon l'usage.

Fait double à Nancy, le 25 décembre 1834.

A. Marc.

Nicolas Éloy.

QUITTANCES D'ARRÉRAGES DE RENTES.

Je soussigné, reconnais avoir reçu de Monsieur Étienne la somme de cent fr. pour six mois, échus le 10 décembre 1833, des arrérages de la rente annuelle de deux cents francs, constituée à mon profit par ledit sieur Étienne, aux termes du contrat passé devant M. Louis, notaire à Phalsbourg, le 10 juin 1832.

Fait à Charmes, le 4 février 1834.

CONSTANT.

QUITTANCE DE LOYER.

Je soussigné, propriétaire d'une maison sise à Metz, reconnais avoir reçu de M. Éloi, locataire du premier étage de ladite maison, la somme de cent trente francs pour trois mois, échus le 7 mai, du loyer de l'appartement qu'il occupe, et ce compris, l'impôt des portes et fenêtres.

A Metz, le 8 mars 1834.

VARLET.

QUITTANCE D'A-COMPTE SUR UN MÉMOIRE.

Je soussigné, reconnais avoir reçu de M. Gilles la somme de soixante-sept fr., à compte et en déduction du présent mémoire.

A Paris, le 2 juin 1833.

CAMBON.

TOUL. IMPRIMERIE DE Vᵉ BASTIEN, 1835.